밟혀도 피는 꽃 II

송은애 · 꽃시집

이든북

시인의 변

오랜 시간이 흘렀다.
세상살이가 참 오묘하다는 것을
깨닫는 순간에 과거는 추억이 되더이다.
시집을 엮으며
그동안 그래도 많은 詩를 썼구나!
셀프 칭찬해가며 스스로를 위로 한다.

오랜 지인이 보내준 사진과
국립공원 야생화를 보며 다가선 야생화 사진
그리고 눈에 띈 꽃들과 내가 담았던 아이들
그때그때 느꼈던 감정들의 집합체를
담아 보았다.
시간이 지나 촌스러워진 詩
은율이 이상하게 꼬인 詩가
오히려 정감이 갔다.
온전한 자신의 감정이지만 숨기고 싶지 않았다.
보여주고 싶었다.
이미 추억이 되었으니 더욱.

☆ 사진 주신 분
김병지 교수, 원종석님 그리고 국립공원 야생화 팀에게
감사드립니다.

차례

05   시인의 변

12   광릉요강꽃
15   사위질빵
17   레몬 아부틸론
18   고구마꽃
20   나래가막사리
22   호야
25   장백파랭이꽃
26   갯까치수염
29   넌출월귤
30   꼬마은난초
32   유럽점나도나물
35   홍노도라지
36   함박꽃나무
39   미국쑥부쟁이
40   방울새蘭
42   수레菊
45   말발돌이꽃
47   석곡
48   애기풀꽃

50	금붓꽃
53	분홍장구채
55	며느리배꼽풀(사광이풀)
56	바위떡풀
59	양하
60	엉겅퀴
63	복주머니란
65	나리난초
66	버어먼초
69	광릉골무꽃
70	임하부인
73	후추등
75	큰방울새란
76	깽깽이풀
79	모데미풀꽃
80	개복수초
83	참취
85	물레나물
86	섬 기린초
88	양지화

차례

91	하늘말라리
92	구슬꽃나무
94	왕과
97	계요등(구렁내덩굴)
99	꽃범의 꼬리
100	큰조뱅이꽃
102	지리바꽃
105	금불초
106	고마리꽃
109	부산꼬리풀
110	분꽃나무
113	얼레지
115	연화바위솔
117	만주바람꽃
118	추명국
121	감국
122	백선
125	민들레베란다정원

126	냉초
128	당귀
130	대흥란(大興蘭)
132	호자나무
134	물냉이
136	하늘타리
139	둥근이질풀
140	닥풀
143	여름새우난초
144	통발
147	풍선초
148	참나무 겨우살이
150	한라투구꽃
153	한라천마꽃
154	파리지옥
156	코끼리마늘

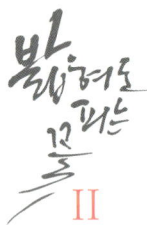

이제야 어렴풋 삶이란 것을
안다는 것은 참으로 다행이다.

광릉요강꽃

나도 꿈이 있었어
하늘을 나는 꿈
인생을 가꾸는 꿈
좋은 인연 만나서 알콩달콩

별 꿈은 아니었지
달빛에 젖고
비오는 소리에 젖고
그리고 말이야
태양 속으로 들어가고 싶었어

사위질빵

세상도 모르고
어린 딸은 팔려가듯
시집을 갔다는데
사위 어깨에 잔뜩 실린 세상사
떨어질까 두려워 꽁꽁
묶어 보냈다는
생명력 질긴 사위질빵엔
딸아이 걱정과 어머니의 사랑
행여 떨어질까 걱정 앞선
장모의 마음이 여기 있었네

질긴 인연으로
끈질긴 생명력으로

레몬 아부틸론

질투 부리지 마서요

그대를 품지 못한 간절한 마음이
나를 닮아 노랗게 피어났어요

숨죽이며 움직이던 마음
생각앓이로 피어나
붉은 사연이 퇴색되어
노랗게 피어났어요

고구마꽃

기다림의 연속이었다.

나의 과거도 현재도
나타나는 이름 모를 방황은
늘 그랬듯이 햇살처럼 다가온다

변해도 변할 수없는 기다림으로
남아있다. 가끔은
그대처럼 가슴을 짓누르는 번뇌도
흔들려 보여주는 환한 모습에
다 녹아내리니 꽃 피워
그는 보답하리다

나래가막사리

날개 펴 하늘을 나를까?
묻고 묻는 그 사연 가슴에 묻고
나래 펴며 사랑 나누고

올려다본 밤하늘의 별
내려와 가슴 후벼 파더니
결국, 별을 닮아 가는데
별 담아 드리는 속내
피어나는 사랑 닮고 싶어라!

호야

숨을 곳이 없다
얼마나 빛이 나는지
감출 수도 없다

인생이 아름답다 하나
굴곡진 삶 참아내기 힘들어
사리로 남아야 할 그 무엇이
꽃으로 피어났다면

아픈 인내의 결정체라
품고 산다

장백파랭이꽃

심정이 갈라져
수 백 개의 반추로 나타났다.
사노라면 힘든가 의문 남기지만
나의 마음은 언제나 여러 갈래

노을은 사라지는데
늘 가슴속 노을은 붉다.
돌아올 미래가 흔들리지만
나의 마음은 항상 거기

숨 한번 가볍게 쉬고
발길을 돌려봐도
항상 그 자리에서 꿈만 키운다

갯까치수염

중얼대던 내소리가 내 귓가에 맴돌 때
그 소리는 독백에 가까운 소리

내 말 들어줘!
내 말 들어줘!
필사의 아우성인 것을

그대는 아는가!
알 순 없어도 늘 떠들어대는
독백인지라
그대는 느껴도 모르는 척
아름다움도 알지 못하는 그대는
돌덩이 안에 흐르는 속살을
어루만져줄 여유가 없는 것이겠지

넌출월귤

낯설다
부르기조차 힘들다
그럼 뿌리는 어떻게 내릴까?
의문의 의문이지만
나는 꽃이다.

흔들리지 않고 피는 꽃이
어디있냐고 떠들지만
낯설고 부르기 힘든 이름으로
너를 대신할 수 있다면
어딘들 어떠리요
하지만
힘든 사랑
그 사랑만은 않겠어요

꼬마은난초

나의 과거는 묻지마라
지금도 자라지 못한 사랑
품고 살면서 닥치는 시련
바꿔보려 열정을 다하지만
언제나 제자리걸음
실컷 달렸다고 뒤돌아보니
여전히 그 자리

나의 과거는 바꾸지도
자라지도 못한 애송이다

유럽점나도나물

거리의 여인 맞다. 맞다니까요!

우기기 없다며
종일 떠들어도 결론은 없다
어느 숲에서도
뿌리내리면 내 구역인양
의기양양 자존심이 오만으로
비춰지는 그 눈빛 아래서
흐느적대는 세상 참 아쉽다.

아쉽지만 어깨한번 흔들고
무소의 뿔처럼 그 자리에서
비상하리라

홍노도라지

도라지꽃 닮아
홍노도라지라 했다네요.

앞을 보고
돌아봐도 도라지꽃
닮지 않았는데
정말 맞는거예요?
지나는 어느 누구도
도라지꽃이라
하지 않고
고개만 갸우뚱!
날더러 어쩌란 말인지

함박꽃나무

내 손가락은 근질근질 항상 말썽이다
하지만, 사랑하나 훔치지 못하는
못난 손가락
제철 맞나는 그 사랑은
언제나 목마른 갈증의 표상이 된다

곱게 피어
가슴을 두근거리게 하는
수줍은 함박꽃
그대를 훔치지 않고는
살맛도 없다

미국쑥부쟁이

지난 날 우린 어깨동무하고 떠났다

그 어깨가 그 어깨인지 헷갈리고
분명 우리는 속삭였다
때 아닌 네 모습은 낯설기 그지없다.
본토의 쑥부쟁이보다 훌쩍
멋쩍게 키만 크지 세상을 잘 모르지만
애정하고 감미로움을 전달하는
거리의 누구보다도 사랑을 뿜뿜
어깨를 나란히, 함께 가리다

방울새蘭

또로로록 소리가 신선하다
방울새 놀다간 자리에
새초롬 피어난 그대는

소망을 찾아낸 여인의 限
날갯짓으로 춤추고 있다

수레菊

꽃들이 둘레둘레 돌고 돈다
서로의 향기를 내 뿜으며
사라졌던 시간도
이미 추억이 된 사연도
기억 속에 묻어둔 인증처럼

마치
문신이 되어버린
흘러간 시간들의 흔적
계절을 몇 바퀴 돌아야 지워질까
주홍글씨 새겨진 내 어깨에
내려앉은 짙은 여운
그대로 피부 속에 녹아내리길
먼 산 바라보며 느림의 미학을
즐긴다.

말발돌이꽃

나의 여름은 슬픔의 연속이다.
찔레꽃 향기에 젖은 슬픈 노래와
사계고택 영당 앞 흰 철쭉은
내게 물을 주던 김장생선생의
주검을 지켜봐야했고
견딜 수 없는 운명 같은 슬픔을
간직해야겠기에 하얀 목련까지도
품어야했다. 슬픔이 흰색이라면
나의 여름은 숙명적 슬픔이
지배하고 있어 이 꽃을 보면
슬프다. 아리다. 시리다.
하지만 단풍들 가을을 바라보며
기대에 찬 가슴을 여기
내려놓는다. 슬프지 마

석곡

구비구비 굴곡진 삶이
오롯하게 남아
부처님 사리 모양을 하고
수줍게 오밀조밀

애기풀꽃

막대 사탕처럼 달콤한
몽환적 꽃술과 꽃잎의 자태에
한번 놀라고
자색 옷고름 내 엄니를
닮아 척박한 들판에서도
유유자작 꽃피우는
그대는
아직도 어린아이

금붓꽃

도대체 어디를 다녀왔지?
시베리아를 거쳐 그 복잡한
중국의 벌판을 지나
이곳에 왔다고?
물음의 연속이다. 꿈꾸듯

그가 뿌린 황금물결에
파도 타듯 흔들거리다
황혼 빛에 물 들은 해거름은
나란히 어깨동무하고
노을 지는 황금숲 속으로
마냥 걷는다. 돌아보지 말자
여기가 곧 나의 뿌리다

밟혀도 피는 꽃 II 51

분홍장구채

나는 원주민이었다.

그저 촌스럽고
올망졸망 볼품없이 피어나
그들을 원망하고
슬퍼했다.

자리를 박차고 일어나
구름을 잡아 틀어
비바람의 방향도 바꾸고 싶었다
아무도 나의 그 큰 꿈을
알지 못한다 해도
매일 매월 아니, 매년
꿈을 꾸었다 버렸다
슬픔으로 세월을 샀지만
결론은 그 자리에서 세월을
소비했다
다음 꿈을 위해서

며느리배꼽풀(사광이풀)

살쾡이 눈빛을 닮았다나
며느리 배꼽에서 빛이 난다
사람의 역사가 배꼽을 시작으로
살아난다니 어떤 빛이든 담아내리라

몽글몽글 모여 하나가 된 듯
하나인 듯 하나가 아닌 여럿의 조화
사광이 풀의 빛이 집중되어
이룬 숲이 여기저기서 빛날 때
바야흐로 흐르다, 흐르다 빛난
숲 속 이야기가 세상을 담아낸다

바위떡풀

봄은 봄대로
갈은 갈대로
나름 치대며 내 곁으로
다가오는 화려함
피어나는 순수함

한 여름 습지 밝히며
세상 모두를 한방에 표현한
그대에게서 희망을 찾아낸다.

밟혀도 피는 꽃 II 57

양하

나의 계절은 갔다

길게 오래도록 너의 곁에
있고 싶었지만 나를 붙잡는
안개도 운해도
이미 변해버렸기에
외마디 변명을 남기고

너의 가슴으로 스며든다

엉겅퀴

진짜가 나타났다.

세상이 얼마나 어지러우면
세상을 등지고 숨어버릴까
유년의 시절엔
유유히 텃밭에 나타나
우리를 바라보며 가시를 들어내던
자주저고리 녹색치마 자랑하던
그의 속내엔 가시를 품고 있었으니

아름다움도 잠시
밀당하던 꽃
우리에게 추억을 선사하다
이슬과 친구하는 그대여!
그대가 진짜다.

복주머니란

한해가 밝았다

파도는 흰 포말을 안고 다녀갔다
겨울새는 이제 봄날을 떨구고 간다
달그락 거리며 동면 아래 흐르던
가는 물소리는 응원을 기다리고 있다

온 몸 흔들며 福 건네주던 너의 손에서
따뜻함을 느낄 때 너와 나는 우리가 된다
밤새 달빛도 구름에 가려 사라지더니
새벽이 주는 여명 뒤로
숨어든 구름과 손 내민 그녀에게
나의 미래는 윤슬 되어 날아간다
저 넓은 들판으로

나리난초

늦은 시간까지 야근을 했다
잠자리 날개처럼 속이 훤히 보이는
눈가림 야근이 아니라
꽃을 피우기 위해 시간을 뛰어 넘은
속내 깊은 하루다

야근 후 마시는 시원한 맥주 한 모금
정신차려보니 나리난초
내 품에 안겨있다
밤하늘 별들은 사라지고
홀로 빛을 발하던 반달 활짝 웃고
차가운 바람이 뺨을 때리니

한 겨울 어느 날의 허튼소리다

버어먼초

내 몸 밝히기 위해 모든 것
버려야 살 수 있음을 알았을 땐
이미 세상은 혼미해 어지러웠다

이 한 목숨 누굴 위해 쓸까
차고 넘치는 세상이야기 속에
분별없이 산다는 것이 복잡했다

언제나 목젖에 걸리는 반항
노란 신호등 불빛처럼 잠시
사라져도 애써 살아갈 모양이다

광릉골무꽃

손가락 끝에 문신처럼
남아있던
골무 그 자국에
가끔은 유년의 추억이
살아난다
애써 살아온 그 지난 추억은
흔적으로 남아 삶을
풍요롭게 하고
그대는 잔잔한 숲 바람에
흔들리는 꽃이 되어
날 흔든다
날 간지럽힌다

임하부인

한여름을 섭렵한 죽부인에게
하소연하며 하늘 끝 바라본다
으름이 열리는 그 어느 순간에
나는 하늘 끝을 놓아버릴 작정이다

마음만 그렇다
세상사 아무리 나를 무시해봐라
더운 여름 죽부인을 결코,
원망하지 않으려
죽을 힘 다해 매달려있다

후추등

에라, 모르겠다
어디가 시작이고 끝인지
날마다 전해지는 쓸쓸한 기운

그리고, 적막한 말뿐이거늘
세상 것 다 버리고
깊은 산속에서 유유자적
살라하니
꿈이나 꿀란다

큰방울새란

바리톤 가수는 거창하게 노래한다
함께 딸려온 소프라노 가수는 또로록
새가 되어 춤추고 현악기 잡은 연주자의 손이
떨리기 시작하더니 작은 정원은
커다란 방울새의 해먹이 되어
모두를 정적의 바다
우리를 고요의 하늘로
유도한다. 마지막이 아니었다

이제 시작이다
요람의 소묘다

깽깽이풀

나의 과거는 돌아보지 않겠다.
습한 계곡 속 그 음습함도
도도한 자태에 숙연해질 테니까

저 멀리 부산 앞바다 깽깽이 마을이 있었단다
깽깽이 소리를 자장가 삼던 그런 마을엔
세계를 누리던 모든 선박(船)들의 휴향지
온 몸에 붙은 바다 오물을 제거하고
물살 가르며 도도히 떠났지만
그들은 잡지 않았다.

돌아보지 않은 건 나도 마찬가지
서로 깽깽이 소리 내며 돌아본들
마음만 아플 테니 묻고 살아라
그 숙명을 받아들인 깽깽이는
소리 없이 피었다 지는 것에
운명을 걸었을 테니까

모데미풀꽃

가만히 들춰본다.

돌아서보니 곁엔 아무도 없고
바람만 휭하니 노래 부른다
관중 없는 무대라니 슬프다.
슬프니 바람이 연주 한다
온 가지 부러지고 꽃마저 떨어진다
가까이 가려하니 떨어진 꽃마저
시들어 눈물이 난다.

가만히 다가간다.

내 손에 잡히는 바람
흔적 없는데 날 흔든다
찾으려다 울컥하는 슬픔
그 슬픔 보내고 애초로히 피어났다.

내 가슴에 안기려고

개복수초

나는 언제나 꿈에 진심이다

너에게 나는 거짓이었다. 아님
나에게 너는 늘 참이었는데
너에게 나는 흔들림이었다
나에게 너는 든든한 버팀목이었는데

새봄이 와도 변함없는
넓은 가슴 변하지 않았건만
외면하는 너에게
나는 갈수 없었다. 한 발짝도

밟혀도 피는 꽃 II

참취

밤새 고열에 시달렸다
"머슨 일이고?"
사투리도 아닌 이상한 격조로 묻는다
누굴 닮아가나 되묻지만
참 마음인 진심에 다가서본다

아무 일도 아닌데
그저 주어진 내 길 따라 피어난
그래도 산 속에서 운명대로
피어진 걸 받아드려라 한다
찌는 듯한 폭염을 외면하며
진정으로 참 마음인 솔직함에 서 있다

물레나물

계절 상관없이
물레를 돌려라

너와 내 관계를 버리고
물레를 돌리자

나 물이 되어도 좋아
너 강이 되어도 좋아
우리가 바다가 되면
물레는 멈추겠지

섬 기린초

마치 은하계를 돌다돌다
한 귀퉁이 떨어져 섬 한가운데
자리 잡고 수다를 떤다

그 안엔 지 수·금·토·화
모두 자리 잡고 수다를 떤다

주저리 주저리
시끌벅적
수다전쟁이 일어난다

양지화

유년의 언덕 위에서 내려다본다.

습한 바람이 슬쩍 지나가고
수박화채가 머릿속을 시원하게 해준
그 순간에 아버지는 종적을 감추었다
내 삶의 순간이었다

지금까지 황달이 나를 누르고
알 수 없는 고독이 밀려왔다

더 이상 아픔은 싫다
사랑하고 싶다고 외치면
그는 달아났다
잡을 수 없었지만
돌아보니 욕심이었고
바라보니 햇살이었다

깊은 습지 같던 내 삶의 여정에서
이정표 되어준 그를 떠올린 것은
내 마지막 자존심이었다

하늘말라리

앞집 나리는 "날 데려가줘" 하며
담장 밖으로 얼굴 내밀었지만
외면에 또 외면당하고
멀리 숲 바람 몰고 온
하늘말라리에 마음이 간 것은
나의 오만한 편견이었을까?

나도 모르게 쌓여진 불만이
담장너머 앞집의 비둘기가 가출하며
내게 전해준 오해될만한 말들이 있었기에
의문은 꼬리에 꼬리를 물고
결국 사람이 사람을 먹었다는
허무맹랑한 그 소문의 진상
그저 헛웃음 웃다가 만난
하늘말라리 그가 부러울 뿐

구슬꽃나무

이제 견딜대로 견딘
내 마음이 동그랗게 꽃 피웠다
세상사 견딜것이 없다 해서
버텨보니 모난 놈이 정 맞고
뾰족한 놈이 무디게 변하더라

구슬이 왜 구슬일까
구르고 구르다보면
세상도 사랑도 알게 되니
견딜 것도 못할 것도 없는
구슬 세상이 되더라

둔감하게
동그랗게

왕과

세상에 닮은꼴도 많아
두 변이 같은 삼각형보다
네 변이 같은 정사각형
둥근 원을 보며 어디에 속할까

가수는 노래한다
나는 마름모라며
심지어 삐뚤게 서있다고
어디에도 속하지 못하는 이방인처럼
나를 닮아 있다

언제나 꼭짓점을 향해있는
그 희망을 찾아 오늘도
꿈을 키워보는 나를 발견하고
다시 서는 이 모습 바라봐줘!

계요등(구렁내덩굴)

파도가 두고 간 바다의 잔해물과
바람이 몰고 온 그 향기가
피워낸 꽃 두 귀가 번쩍 뜨인다

폭염에 순간 붉어졌다
쫑긋 두 귀가 열려 하얀 밤
머물고 간 추억의 유년시절 그립다

그 꽃이 전해주는 나의 영혼은
마침내 소녀 되어 훨훨 나르고파
들리나요! 이 소녀의 꿈이

꽃범의 꼬리

한적한 곳의 요염 포인트
나의 청춘이 떠오른다

질풍노도 땐 직선도로를 굳이
삐뚤빼뚤 걸으며 고독을 씹었고
우산 접으며 비에 흠뻑 젖기도
굵은 붓으로 배우 얼굴에
상처를 내기도 했지
나의 청춘은 황금 비늘이었건만
이제와 한적한 곳에 뿌리내려
소박한 빛깔로 숨은 빛 자랑하니
미소만 절로난다

큰조뱅이꽃

큰사랑 보태려고
조심조심 슬그머니 다가서더니
요절한 내 아버지를 떠올리게 한다

삶이 버거웠던지 양철지붕 빗소리가
참으로 다정히 들리던 날
폭풍우 소리마저 잠재우며
떠난 청춘의 아버지 무덤 앞에
질서 없이 피던 꽃

그런 죽음과 이별하려던
슬픔의 결론, 열차는
신호등도 무시하며
건널목도 사라지게 했다.
내 아버지의 한이 서려서인가
질서 없는 뜰 안에서 마음껏 피었다

지리바꽃

"저와 춤 한번 땡기실래요!"
힘찬 용기로 나를 팔아보지만
날 거들떠보는 이는 없었다

치장을 서두른다
아무리 꾸며봐도 제자리걸음
하하하 나는 짝도 없는 춤꾼

삶이 힘들어서 내려놓으려 해도
둘 곳 없는 내 마음 그대는 아는가
차라리 눈감아야지! 외롭다

금불초

뜨거운 여름, 짧은 치마는 자꾸
올라와 정강이를 부끄럽게 하고
회초리든 엄마는 종아리를
힘겹게 때린다

시커멓게 멍든 회초리 자국
서러워 서러워 울다 지친
그 마음에 그때를 아쉬워하다
잠든 내 육체의 반항은
고도의 질주를 하고
차선 위반한 가슴 한구석에
뿌리 내린 너!
이제는 추억으로 남으려나?

그립다. 유년의 그 시절

고마리꽃

마알간 얼굴로 세상을 대하다보니
작은 눈으로 볼 수밖에 없었다
소리 없이 밀려드는 세상사

당신 눈에도
내 눈에도
붉어진 눈동자 안에
서성이는 아름다움

살아 있어도
죽어 있어도
가슴 열고 스친다면
살아남은 자가 바로 너!

부산꼬리풀

바다 내음 그리워 뭍에서 피어났다

바다 속으로 간 토끼의 간을
먹고, 자랐다.
용맹스런 가슴으로 담은 세월
결국! 남은 건 보랏빛 향기

난 파란 신호등 기다리며
그대를 떠올리는데
백사장 모래는 은빛으로 빛나고
나는 여전히 그곳에 서있었다
파도의 물거품도
해국의 몸부림도
가슴에 담고

항상, 멍든 가슴 안고

분꽃나무

지난밤 사이 달빛도 내려앉고
별빛도 서로 닮아 기분 좋은 하루
닮은꼴 찾아 떠도는 그리움
나의 체온을 온전히 느끼는 것은
너의 손끝인가 봅니다

어젯밤 눈뜬 분꽃
밤을 좋아하던 분꽃도
찾아다니는 뿌리 깊은 나무 속
그 속내에 마주치는 연정
나의 아픔을 기억하는
가슴 속 사랑인가 봅니다

얼레지

지난 세월 몇 닢이나 쌓였을까?

고운 날개 비단결로
흘러 버리고
승무 손끝 애절함이
이슬방울 달리듯
비단 바람에도 떨어질
기세로 마음 끝 하나
흔들어버린 한 맺힌 무용수의 몸짓

그 열정이 몇 닢이나 쌓였는가?
바람과 햇살에 춤을 춘다.

연화바위솔

숨을 곳 찾아 멀리도 왔다
바위숲 속에서 피어난
연꽃 닮은 바위솔! 부끄러워라
진흙탕 속 정화시키듯
바위 위를 아름답게 장식했다

꿈엔들 잊을까?
따스했던 너의 손길
혼돈의 도시 속에서 잠시
나는 너의 투혼에 넋 나간 사람처럼
피고지고 피고지고 세상을 그렸다

만주바람꽃

머언 길
이방인처럼 바람을 탔다

흐르는 대로
나는 내 몸을 맡겼지만
내 마음은 다른 곳에 머물렀다

팔자에도 없다는
부귀영화는 제쳐두고
흔들리는 사랑 품어 안으며
세상 빛 끌어안은 별이 되었다

추명국

봄볕이 활짝 핀 이 계절에
갑자기 떠오른 추명국
가을을 제일 먼저 밝힌다는
그 꽃이 떠오른 것은 무슨 연유일까

돌아본 청춘의 찌꺼기일까
앞으로 다가설 미래를 위해설까
가끔 느끼는 이 두근거림의 정체
세상을 다 살지 못한
癌말기 그녀의 회한을
그리다. 돌아갈 주소를 잊어서다
서성이다 서성이다 초록 눈물 흘리던
그 담낭癌에 무너진 그녀가 떠오른걸까
계절 넘어 가을을 담고 싶은 게다

감국

길을 나선다

언제 여기까지 왔는지
알 수 없는 미소지만 아름답다
떠날수록 그리운 건 미래

백선

그땐 가슴에 대못박는다 했다
울어도 소용없는 말들뿐이었다
아니, 울 수도 없었다
하냥 돌아서 훌쩍 거렸다
그것이 당연하다고 치부했을 땐
이미 각오도 되었다
내 곁을 떠나는 그가
잡지 못하는 내가

이젠 흐른 세월 뒤편에 서서
정당성을 찾으려는 너와 내 모습이
오히려 지우고 싶은 과거다
첫사랑이 사라져도

민들레베란다정원

이름한번 낯설다

긴 내 인생을 닮아서인가
속내를 드러내며 표식을 드러내는
황금빛 내 삶의 징표다

하나의 길
또 하나의 길
쌓이고 쌓여서 인생이라나
난 오늘 여기서 멈춘다
전진할 수 없는 발걸음
돌이켜본들 무슨 소용있나
주어진 삶 그대로
낙엽 되어 돌아설 때
후회는 말아야지. 낯설다.

냉초

인삼 막걸리 한잔에 세상이 보랏빛
멀리서 라벤더로 착각하고 달려가 보니
모습도 향기도 다르더라

뾰루퉁 삐쳐있는 모습이
귀여워 넋을 내려놓으니
정신 차리라고 흔든다

그 진한 보랏빛에 연서를 쓰고
다정스레 다가오는 벗!

"또! 꽃에 빠지셨군"
언제나 다가서는 벗에게서
느낀 향기가 냉초꽃에서도 난다.

당귀

비 온 뒤 어느 날이었다
내 발목을 잡아 당긴것은 미련도
기쁨도 엉킴도 아니었다
며칠 전 헤어진 그대의 송곳 같은
뼈아픈 말 한마디 목젖에 걸려
후회의 길목 그 자리에 머물 때
구름처럼 몰려든 회한의 돌이킴이었다

그땐 그 말이 진심이었다

실망해도 좌절해도

나와는 상관없는 일

후회는 않지만

복잡한 내 생각의 끈처럼

길게 늘어서서 결론을 기다렸다

불안감도 허우적대던 이성도

상관없다 말하리라

구름처럼 뭉쳐서 함께 지내리니

걱정을 마라 나만의 자존심도 아니다

대흥란(大興蘭)

한 발짝도 움직일 수 없었던 그때
나는 황량한 벌판에 서 있었다
어깨를 감싸줄 그리움도
손 잡아줄 벗, 외로움으로 기다렸다

언제나 늘 다리는 후들거렸고
붙잡아줄 버팀목을 찾았지만
썩은 나무였기에 지탱할 수 없었다

하지만, 평소 내편이 되어준 우정
사랑도 한몫하며 행복을 느낀
그들의 용기가 날 감싸주었기에
이 세상 살아갈 수 있었음을 알았다

외로움과 그리움은 사치
그대의 행복은 삶의 힘, 언제나처럼
그를 만나기 위해 일어선 너이기에

호자나무

호랑이 담배 먹었던 시절
그 꽃을 지키기 위해 가시를 품고
기적적으로 살아남았다

순진한 얼굴을 하고

이 세계 아름다운 사연만 있었던
그 시절 나는 피나는 열정으로
살아남음을 지키며 말했다

믿을 수 없었던 내 자신의 마음도
이젠 순수함으로 살고 싶다
저 하늘을 누비는 구름처럼

물냉이

허름한 담장 지나 공동수돗가에 가면
누구네 오늘 저녁 밥상의 메뉴가
가을 뭉게구름처럼 떠다녔다
가끔은 냉이 넣은 된장국이나
먼나라 이웃나라 메뉴가 떠돌 땐
어깨가 쪼그라 들어 펼 수 없었다
물지게 진 어깨가 물동이보다
작아지던 그날의 추억 같은 연서엔
냉이향 물씬 풍기는 저녁상이
그리워지는 날이다
그리움에 떨군 눈물에 젖은
물냉이 그 꽃이 아름답게 보이는건
그 시절 재잘대던 그 모습이
떠올라서다

그립다
그립다

하늘타리

내겐 소원이 있다

희망고문이 아니라 진정한 사랑
피어난 미래가 꿈이길
하늘이 높은 줄 알았으니
날아보자 종이비행기야

구름 위를 나르는 저 바람에
빨주노초파남보 무지개 빛이
연두빛 사연으로 다시 떠올라
날아가자 소망보따리야

둥근이질풀

폭염으로 가득했던
수풀 아래 낮은 포복으로
숨어봐라
숨어봐라

은근히 퍼지는
그 모습과 향기에 어쩔 수 없어
나 잡아봐라
나 잡아봐라

숨길 수 없는 매력에
차라리 눈 감아야지

닥풀

그 시원함이 나를 감싸안네
폭염에 낮은 바람으로
향기를 전하고
끌어안은 모습에
돌아보는 사랑이 흥겹다

그 꽃 아래서 피어난
위태로운 삶이지만
꽃잎에 잠들다. 살아난다

여름새우난초

바다가 답답하여 뭍으로 나왔다

무엇이 진짜인지
가짜인지 정의하기 힘든 세상
그래도 난 자연과 함께
숲속에서 어울린다

세상이 흐드러져도
밤낮 구분없이 돌아가도 말이야
조명에 화려해도
밝은 여명의 빛이 나를 안아도
용감하게 습기 안개 걷어가며
숲속에서 살아간다

그것이 운명이라면

통발

외로워
외로워

그럼에도 불구하고
당당하게 꽃잎 펼친 그 마음
질투의 화신처럼 노랗게 물들고

그리워

그리워

그 모든 분들 내 품에 안겨라
사랑이 농익어 결과물이 나타나
황금 들녘 흔적으로 남긴다

풍선초

뜨락 한 귀퉁이 아궁이에 불 지피면
타는 향내가 코를 찌른다
세상사 어려웠던 일 날려버리고
들깨 턴 대궁에 불 지피니
고소한 들깨 향이 온 몸을 물들인다

동쪽하늘과 서쪽하늘이
서로 마주보며 쌩끗 웃고
윗마을 아랫마을 하나 되어
꿈꾸듯 하늘 풍선 날린다

사랑 가득 품으며

참나무 겨우살이

한때는 겨우살이처럼
셋방을 전전하며 살았다
이리로 저리로 얽히고 설키면서
내 집이 그리웠고 내방을 소원하며

그땐 그랬지
지금 와 생각하니 텅빈 거실에
조형물과 친구하는 멋없는 삶
그때 이러기를 바랬을까?
피부와 피부를 스치며 꿈꿀 때
그때가 좋았다
잡을 수 없는 시간 기다리며
겨우살이에게 전한다

지금이 최선이라고

한라투구꽃

멀리 제주에서 소식이 왔다

문어 한 마리
꽃게 반쪽 들어갔던 라면
기억하느냐고
삶이 온전치않아 시름시름
그대가 보고프다고

살림 팍팍해 길을 떠날 수 없다며
투구 고쳐 쓰고 삶과 전쟁을
치루는 중이라 아쉬워한다

누구에게든 주어진 그 시간
운영하기 힘들어 그냥저냥 살고 있는
심정 이해해 달라는 그를 돌아보며
웃다가 울다가 날아간 그 공간에서
삶을 산다. 나 왜 이러지

한라천마꽃

깊은 산속에서 썩어가는 그들의
남은 찌꺼기가 생명줄이다
하늘이 그를 내려주며
혹독한 시련을 동아줄로 주었을까
말없이 사랑하고 그림자처럼
살라고 주문하니 순응한
한 인간의 삶 같다

순탄하지 않던 삶을 품은
이유이다. 하늘이 주었기에

파리지옥

그때 나는 자만심으로 가득했다
세상에 맞서려는 얄팍한 용기
그 혹독한 사연들이 켜켜이
쌓여가고 있음을 감지하지 못하고

한순간 무너지고 하얗게 질린
입술, 상처가 무너뜨린
한방에 물거품이 되고
앞이 보이니 사랑마저 절실하더이다

그래도 다행인 것은 무너지고
난 자리엔 상처뿐인 영광의
허울뿐이었지만, 그 아픈 댓가는
아름다운 열매로 피어났다.

자긍심의 표현 그 꽃이
나를 살렸다

코끼리마늘

"그대! 날 버렸지요?"
물망초도 아니고 나비를 뒤집어쓰고
숨다 숨다 들켰네요

뭐든 비밀은 없나 봐요
모여보니 너무나 그립도록 보고픈
"그대! 들어보소"

안타까운 이 심정을 그대는
아는지 알려주고 싶은데
망서려지는 이유는

끈질긴 생명의 보답인게죠?

이제야 어렴풋 삶이란 것을
안다는 것은 참으로 다행이다

밟혀도 피는 꽃 II 송은애 꽃시집

발행일 2024년 8월 20일
지은이 송은애
사 진 김병지, 원종석
펴낸이 이영옥
펴낸곳 도서출판 이든북   **등록번호** 제2001-000003호
전 화 042 · 222 · 2536   **이메일** eden-book@daum.net
팩 스 042 · 222 · 2530
주 소 (34625)대전광역시 동구 중앙로193번길 73

지은이 메일 : sea5610@daum.net

ISBN 979-11-6701-298-2 (03810)

값 13,500원

* 잘못된 책은 바꾸어드립니다.
* 이 책 내용의 전부 또는 일부를 재사용하려면 반드시 저작권자의 동의를 받아야 합니다.

* 이 사업은 2024년 대전광역시, 대전문화재단 에서
   사업비 일부를 지원 받았습니다.